JN409888

허공 도장

이 도서의 국립중앙도서관 출판예정도서목록(CIP)은 서지정보유통지원시스템 홈페이지(http://seoji.nl.go.kr)와 국가자료종합목록 구축시스템(http://kolis-net.nl.go.kr)에서 이용하실 수 있습니다.
(CIP제어번호 : CIP2020020119)

형상시인선 26 은종일 시집

허공 도장

인쇄 | 2020년 5월 27일
발행 | 2020년 5월 31일

글쓴이 | 은종일
펴낸이 | 장호병
펴낸곳 | 북랜드
06252 서울 강남구 강남대로 320, 황화빌딩 1108호
대표전화 (02)732-4574, (053)252-9114
팩시밀리 (02)734-4574, (053)252-9334
등록일 | 1999년 11월 11일
등록번호 | 제13-615호
홈페이지 | www.bookland.co.kr
이-메일 | bookland@hanmeil.net

책임편집 | 김인옥
교 열 | 배성숙 전은경

ISBN 978-89-7787-932-4 03810
ISBN 978-89-7787-933-1 05810 (E-book)

값 10,000원

형상시인선 26

허공 도장

은종일 시집

북랜드

시인의 말

삼년 전 첫 시집을 묶으면서
“이제 문학의 길에서 자유로운 人으로
낯설게 살고 싶다.” 했었다.
낯익은 것들 낯설게 보기도 어려운데
‘낯설게 하기’ 더욱 버겁다.
운문과 산문 융합시대라고 하지만,
발효가 덜 된 詩作에서 산문의 형상을 본다.
‘家’에서 ‘人’으로의 거듭나기는
문학의 여정에서 비록 힘들어도
붙들고 가야 할 ‘현재 진행형’ 이정표이다.

2020년 초여름

은 종 일

차례

1

홀딱 벗다

2

홀라당 열탕

3

빵 터지다

4

마지막 약속

1

홀딱 벗다

남이섬 유혹

지붕에 오르려던 기와가 담장을 붙들고 있다. 화분 받치려고 장독대는 물구나무섰다. 쌍끌이 영접에 준상이 유진이 첫 키스가 달다. 눈사람은 빨리 녹는다. 은행잎 카펫 위 다람쥐 쫄랑거리며 앞장선다

'달밤, 죽인다. 별밤, 더 죽인다. 새벽 걷어 올리는 물안개, 말문 막는다.'는 갈바람 귓속말에 나 말문이 막힌다

배려

한라산 사라오름은
바람과 나무 격렬한 씨름 중이다

판 수 없이 밀어붙이는 바람의 힘에
나무는 오직 버티고 중심잡기다

바람과 나무의 씨름판에서
나 손 내밀어
뿌리치던 바람손 낚아챘다

파카 주머니에 꽂아 넣고서
바람뼈 만지작만지작
바람은 거꾸로 내 손을 만져주고 있었다

시린 내 손 따뜻해진 것은
산 아래 그녀가 따로 숨겨 놓은
손난로 때문이다

불통의 사원

고층아파트 정문에
초고층아파트 재개발 현수막이 걸려
펄럭거린다

그만큼 칸막이 쳐서 살면 됐지
더 높은 집에 더 많은 칸막이 치겠다는
똬리 튼 잇속을 내걸었다

뒷간을 안방에 두고
편리에 길든 스스로는 문화인들
같은 돼지꿈을 꿀 수 없으면서
층층계로 포개어서 잔다

따지고 보면 등 붙을 듯 가깝게 거처하면서
한 구멍으로 드나들어도
낯선 이웃이다

모르게 같이 사는 인연들
칸막이로 쪼갤수록
관계는 더 멀어지고

미소가 이동되다

잿빛 날개 접은 비둘기 한 마리
군위 버스정류장 대합실 뜰에서
느릿느릿 힘 빠진 지렁이를 쪼고 있다

그 뒤에 비구니가 넘겨주는 침묵을
보자기에 주섬주섬 꾸리며
할머니 공손히 묻는다
'왕맷돌 찾았다지요?'

법주사 자랑거리 왕맷돌
잘 모시고 있다고 말 대신 건네는 화안 합장
불전 수도 수십 년
열린 지 닫힌 지, 모를 부처 미소가
비둘기 입에 걸려있다

삼킬 줄 알았던 지렁이를
숲으로 옮겨주는 비둘기에
비구니 입 언저리는 환해졌다

취기醉氣

쳐들어온 달빛에 얻어맞았다

문풍지 흔드는 달빛 소리
그때서야 들었다

담 넘어온 개구리 울음에 밀려
정수리 내밀고 중천 올려다보던 나
힐끔거리던 달그림자에
빗장 풀렸다

달빛사랑 지워버렸는데도
눈물이 났다

아파도 참는 법을 배워
만월 아래 더듬는 촉수

휑하다

나이 안에
간이역 하나 생겼다

기다림에 습관처럼 낡은 역사

줄행랑쳐버린 청춘

붙잡지 못한 첫사랑

줄 서서 기다리던 마당을 가졌으나
텅 비었다

또다시 찾은 가을이
남자의 나이를 태웠나

재만 날린다

행위

길섶 코스모스 찾아온 잠자리에게
반갑다고 살랑대고

해님 도타운 볕살엔
좋다고 일렁대고

설렁설렁 갈바람엔
신나서 한바탕 춤판이다

눈으로 듣는 침묵의 아우성
몸으로 말하고 있다

생존의 방식

갈참나무 우듬지에 오른 다람쥐
숲정이 사방 살피고 있다
끊긴 필름 요모조모 맞추는
기억의 눈알은 새까맣다
갸우뚱거리는 도돌이표의 의심은 긴가민가한 붓방아다
갈무리한 도토리 창고 찾아낸들 허탕 아니던가
누운 풀 바라보며 옷 벗은 나무도 시치미 떼는데
내려다봐야겠다며 높은 곳을 올랐구나
의뭉스레 돌리는 갈참나무 팔랑개비에
다람쥐는 우왕좌왕이다

부러운 바보

딸 하나 둔 장모님 지척에 살면서도
보고 또 보고 싶으면서도
뜸이 들어야 오신다

뭘 무겁게 싸들고 와서는
잠시도 쉬지 않고 뭘 하신다

딸 하나 둔 아내
천릿길 떨어져 살면서도
시시때때로 전화하고
미주알고주알 챙기려 든다

뭘 싸 보내지 못해 안달하고
다니러 가서도 쉴 새 없이 뭘 한다

장모도 아내도
당대에 갚지 못할 빚쟁이처럼 살면서
딸이 보배라는 바보다

딸 하나 없는 딸은
무해무득인데
바보가 부럽다고 엄살떤다

상반되다 1

걸리면 살고 안 걸리면 죽는다는
허기진 무당거미의 굿판 앞에서
연정에 눈먼 방아깨비
방아 찧고 있다

처마 밑에 쳐놓은 거미의 성근 그물은
허공 도려낸 존재의 성채이다

비바람 우렛소리 난동에도
자기보다 수십 배 무거운 먹이에도
끄떡없이 견디는 마법의 그물

억센 발톱, 사나운 뿔, 날카로운 송곳니
필시 그 어느 하나 대신 받은 것이겠지

맨발 맨손 처마에 오른 무당거미
번지점프 한다

연정으로 달아오른 방아깨비가 흘린 눈물을
까마득한 조상신 불러 닦아주겠다고
무당거미 또 굿판 벌인다

상반되다 2

식당 문 닫은 자리 반찬가게 열었다

탁자 의자 다시 들이고
'식사 됩니다' 방榜 걸어서
궁여지책 밥 팔고 있다

진열된 맛깔스런 반찬들이 입소문을 부추겨도
'이문이 어둡다' '밥은 굶지 않는다'
먹는장사 믿음 아무리 커도
반찬만 팔아서는 버틸 수 없었던 것이겠지

희망이 열고 실망이 닫는
이것도 저것도 아닌 가게의 문
열고 닫고 다시 열리는 도돌이표 같다

기웃대는 실내장식업자
표정 관리 중이다

옥연지에 반달 들다

해거름 석양
까칠하던 세상의 비늘 드러눕힐
보자기 펼친다

낮빛 파리한 중천의 반달
멀어서 더욱 푸른 밤마당 밟으며
옥연지 속으로 든다

명멸하는 눈빛
눈빛들이 떠노는 허공
뒤꿈치 들고 뉘엿거리다 떨어지는 운석은
불붙은 꼬리 중천에 매어둔 채
별빛 부스러기 툴툴 털고 있다

반달 들인 연못
물의 살결로 비비던 온달 향한 기원이
두툼한 왕버들 등뼈로
하늘 옆구리 쿡쿡 찌른다

홀딱 벗다

범어네거리 늙은 은행나무
햇빛 한 자락 시린 뼈로 움켜잡았다

차례로 벗어던진 공空의 두께가 두껍다

싱그러운 꿈의 신록
청청한 기개의 절정
화려한 황금빛 치장

추억은 부라리는 북새풍의 눈에 흔들리고
찬란했던 세월은 맨몸에도 무거워
처절한 삶의 포복이다

이제 남은 몸통아리마저
알몸으로 서서
울가망한 눈으로
동장군의 만년역사서를 읊고 있다

새길 내다

대종천 하구까지 토함산 내려와
설렁설렁 멱 감고 있다

사십구만 근 대종이 지나갔던 물길
바닥 드러낸 건천의 몸으로
황어 등처럼 누웠다

모난 돌 바다 가려고 모로 구르고
은어 떼 길 막혀 우왕좌왕하는데

불토로 무게 잡는 토함산 제집인 듯
대왕암에서 찾아온 갈매기들
산 옆구리로 새길 내고 있다

유탄流彈

명절날 할머니는
눈에 넣어도 아프지 않다던 다섯 손자
호통으로 불러 세웠다

멀면 멀수록 좋다던 뒷간을
내밀하다는 내실 안에 두고서
손자들 발사자세 나무란다

상방 갈지자형 산탄 탄도로
하방 비좁은 과녁 맞히라는 건
불가능을 가능케 하라는 것이겠지

나, 앉아 쏴 무릎 쏴 까마득히 잊은 채
냅다 갈겼던 서서 쏴 삼십 년도
앉아 쏴 명중에 두 손 들었느니라

이놈들아
옛적 요강보다 얼마나 편한 줄 아느냐
양변기, 비데에 박힌 유탄 수거하면서
코를 킁킁거린다

코스프레

친구야! 친구야!
넉살이 익어가도 익지 않은 호칭에
서름한 귀

동네친구 학교친구 학원친구 군대친구
직장친구 사회친구 등산친구 술친구 ……
도처에 널려있는 친구 친구들

꽃피면 찾았다가 지면 사라지고
꿀 있으면 모였다가 바닥나면 떠나가고

기쁨 나눠 두 배 키우고
슬픔 나눠 반으로 줄이는
너도 나도
진짜친구 코스프레 중

* 코스프레cospre
게임이나 만화 속의 등장인물로 분장하여 즐기는 일

지금이 호시절

철없던 청춘
가진 것 없던 그대와 나
무지갯빛에 혹해서 하나 되었다

폭설 폭폭 내려 잘살겠다던 그날이
멀어도 엊그제 같은데
이제 노인 대접 경로카드 만지작거린다

애면글면 키워낸 세 아이
내 집 장만한 사글세 전세살이
직장에 목맨 회사인간
초라한 두 어깨로 버틴 버거운 세월

행여 그대는 아시려나
되돌아가고 싶지 않은
그대도 나도 없었던 시간

탈색된 머리카락 구부정한 어깨여도

함께 이야기하고
함께 걸어가는
그대와 나

마지막 화해

고인의 유언 따라 특별히 전한다는
상갓집 부고 전화 섬뜩하다

예~ 예~ 기어드는 단발음 받고 싶지 않은 들통 꼭꼭 삼키는데 범상치 않은 기피인물의 유언은 암중모색, 생각의 꼬리 잡는다. 마지막 한 번 더 들어주자며 댓바람에 달려가는 문상 걸음에도 수십 년 두려워했던 그답게 죽었다는 데도 매양 무섭다. 진즉 안 잡아간다고 염라대왕 원망하던 그의 고향친구 헐레벌떡 단숨에 달려왔고 그의 기도 이루어졌건만 홀가분하지 않는 기색 역력하다. 죽은 자의 기도는 이루어졌다. 낯선 영정 속의 그 눈꼬리는 처지고 입꼬리가 올라갔다. 필시 용서를 청하고 있음이다

나의 분향 재배는
화해의 몸짓이었다

사랑이 뭐길래

1차 넘어 2차, 날짜 넘어 3차인 7080가락 되살아난 라이브카페는 술 고픈 게 아니라 마음 고파 모인 곰삭은 다섯 친구 이심전심 일깨운다. 혹했던 불혹은 어디로 간 거야? 반백 머리 흔들며 자분자분 채우려는 마음은 가만가만 터트리는 연발 탄성이다. 들로, 산으로, 시냇가로, 강으로, 바다로, 어딜 가도 넘치는 노랫가락은 사랑타령뿐이다

대리전代理戰

어머니와 술
스스럼없이 만났다

어머니가 술 먹었다
"어머~ 내 새끼"

술이 어머니 먹었다
"이 망할 놈의 새끼"

* 술 : 악마가 바빠서 술을 대신 보냈다.

* 어머니 : 하느님이 바빠서 어머니를 대신 보냈다.

이상한 승부

말 잘하는 철수와
잘 말하는 수철이 다퉜다

청산유수 같은 철수 선공에
수철이 솔직한 입도 꽉 막혀
싸움은 싱겁게 끝이 났다

이겼다는 철수 혼자 떠나고
졌다는 수철이
친구들에 둘러싸였다

멍텅구리 부익부

늘어나는 허리 탓에
헌 옷 된 멀쩡한 새 옷들
옷장 감옥살이다

옷장 넘치는 옷 부자
옷에다 몸통 맞추겠다는
희미한 다짐

새 옷 사들이며 더욱 희미해지고

버리는 것이 나눔인 것을
오그라든 부익부

그냥 차곡차곡 쌓는다

2

홀라당 열탕

그저 그렇게

유등지가 온통 연꽃밭일 때
시린 마음자리
잘도 참아주었다

그저 그렇게 좋은 것으로만
알았던 꽃

오로지 숨차게 뛰느라
피는지, 지는지 등지고 살아왔다

넘을 고개 다 넘고 보니
시나브로 보이는 꽃
이젠 꽃이 아니라

황홀한 신비다

방음

배란다 방충망에 붙은 매미
목청 쉴 때까지
칠~월 칠~월 소프라노로 운다

낮같이 불 밝힌 낭만을
밤낮없이 울게 해놓고 시끄럽다 부라려도
울음 멈추지 않는다

장맛비에 젖은 귀 말려줄 정사가 그리워
칠일을 태워 불꽃같이 살고 싶다는 매미는
이판사판 울음판이다

만나야 할 사랑은 많은데
만나줄 사랑이 없는 나는
슬그머니 창문을 닫는다

어느 종종걸음

들머리 노거수도
사철 두꺼운 방석 깔고
기대는 땅

이기만 챙기면서
천국 밝히는 졸부의 종종걸음
아귀차다

낮고 아픈 곳
훤히 다 내려다본다면서도
보이지 않는 마음이라고
그리 타끈한가

포도 위에 내리는 회색 어둠이
눈엣가시 뒤통수를 노려도
천국 찾아
새벽기도 간다

회초리

영글기로 소문난 하나누나
수년 전 혼자되고부터
했던 이야기 또 하고
묻던 이야기 또 묻는다

무뚝뚝한 영감
밭가에 묻길 참 잘했다며
수시로 찾아가서 말동무 한다는 누나
필시 했던 이야기 또 하고
물었던 이야기 또 물었을 게다

동생 때문에 내 인생 없었다며
정신줄 놓고 울음보 터트린다

풀린 빗장에
춘화春花가 춘화春化되는 현장
알아주고 챙겨주고 보듬지 못한 누나
치매의 회초리에 얻어맞은 나

너무 아프다

막바지

말복 수은주와 음순 붉은 배롱꽃과 철드는 은사시나무는
간지럼 오래 참다가 터트린 웃음이다

피운다는 것과 견딘다는 것이 한통속일 때
찾아든 꿀벌의 무차별 희롱 앞에서
간드러지는 몸짓이다

이제 누가 나에게 남은 목표가 무엇이냐고 물을 때
말매미가 목청껏 흔드는 허공에 살금살금 들어
흰 몸통 배롱나무에게 다가가
한동안 안겨 잠드는 것

더는 철들기 전 남은 힘을 모아
체통마저 내려놓게 하는 일당백인 말복의 더위 속에서
꽃치마 그늘을 온몸으로 흔들어본다

헷갈리다

드문드문 돌 박힌 아침 동산 산책길

오르고 내리는 사람 서로 비켜서다가
소매 끝 스치던 산책길

며칠 사이에 길은 넓혀졌고 시멘트가 덮었다
볼거리 실개울이 도로 배수로로 바뀌었다

사람들 발소리마다 실려 있던 근심과 희망의 무게 가늠하며
체중 불리기도 빼기도 했었던 산책길

저만치 치적 알리는 광고판 아래
딱딱한 바닥에 발목 불편한 사람들 즐비하게 앉아
치적, 치적 기웃대고 있다

힘이 부친다

호시절 꽃길도
멱살 잡힌 상식 앞에
넌더리를 친다

너그러운 나와 비좁은 나
커다란 나와 조그마한 나
눈감은 정의에 평행선은
상앗대질

참된 나와 거짓의 나
내 안의 싸움은 진행형이다

내가 나를 이기는 것이
최대의 승리다

직선을 점령하다

구부러진 개울에 물고기가 살더라. 구부러진 길에 들꽃도 산새도 있더라. 구부러진 밭두렁에 호박이 열리더라. 구부러진 길 감자 언덕 넘어온 사람에게서 삶의 향기가 나더라

직선의 고향도 본디 태반처럼 구부러진 마을이다

전업轉業

살찐 검정 고양이 팔공산 멧부리까지 뒤뚱뒤뚱
탁발 행차다

가사도 바리도 없이
금줄 쳐놓은 점심 자리
빌붙지도 선웃음도 치지 않고
구미 맞는 육포에 과메기를 접수한다

스스로 잡아서 먹던 것도
부뚜막 오르내리며 훔쳐 먹던 것도
구걸의 맛은 따를 수 없지

집 떠나 선택한 수림거처
날렵한 오름, 사뿐한 착지, 날카로운 이빨
강렬한 눈빛 다 버리다가
그만 자존심마저도 고양이는 버렸구나

그나마 남은 후각을 앞세운 산중

탁발승 되어
내리막길 졸가리 사이로
푸닥거리 부킹하러 무당골 간다

홀라당 열탕

홍합탕 얼큰하게 끓인다

흑갈색 원피스에 싸인 알몸들
무리 지어 열탕에 들었다

입수 족족 쫙쫙 벌리는 둥근 몸
분홍 음순 도드라지고
뜨거워진 음핵 배시시 내민다

어디서 많이 본 듯한 귀한 얼굴
뭐라고 콕 찍어 뱉지 못한 말
침 발라 꾹꾹 씹어 삼킨다

틈 나눠주지 않는 검은 집
슬그머니 옆으로 밀쳐두고
부끄러움 아는 몸짓을 깐다

붉디붉다

청화산 법주사 들머리
홀딱 벗은 늙은 감나무 우듬지
까치밥 농익어 간다

배고픈 산새에게
시장기 풀어주고
절 찾는 이들에게
베풂 일러주는

알알이 채운 붉은 사랑

마지막 한 개까지 보듬어 내놓은

보시가 붉디붉다

허공 도장

출몰한 멧돼지들
부모님 산소 봉분 밀어젖히고
겁 없이 발굽 자국 꾹꾹 찍어놓고 갔다

망극한 불효자 눈비음까지 덤으로
더 높게 새단장까지 했지만
수시로 찾아와 파헤치고 갔다

“야이야, 빌미를 주지 말거라”는
명징한 생전 어머니 말씀

이번엔 평장으로 새집 지어 모셔놓으니
있다가 없어진 봉분에 놀란 멧돼지들
허공 밀어젖히다가
구름 출근부에
몸 도장 찍어놓고 갔다

나도 가끔 그 허공에
콧김으로 찍어놓은
멧돼지 출근부 검사하러 간다

오줌시계

제삿날 밤 지키다가
실랑이하던 고부는
서로의 눈 감겨주었다

'내가 깨워준다, 안심하고 자거라'
할아버지 장죽이 큰소리 냈다

어느 해 고조부 제삿날
불 꺼진 집 앞에서 제꾼들 되돌아가고
하현달 남쪽으로 가면서
문틈 파고들었다

화들짝 일어나신 할아버지
'이놈의 오줌시계 고장 났나'

새벽닭 울어도
괜찮다
괜찮다

고조부 말씀
늦게 퍼 담은 제삿밥이
식은 등燈 심지에 만월로 걸린다

간절기 間節期

옥치마인 주산지는 마름 중

왕버들 흔들리는데
한 폭 산수화 속
물총새 한 마리 한가롭다

푸르지도 붉지도 않은 나
한 쌈 바늘 입에 물고
어슬렁거려볼까

듬성듬성 뜬어낸 풍광에
어정어정 눈꽃이나
새겨볼까

파꽃

인각사麟角寺 뒤란
기린 뿔 다시 돋았다

잘난 것, 못난 것
가진 것, 못 가진 것
같은 하나이고

희열 탐하다 생겨난 고통
삶을 기웃거리는 맞이한 죽음
다 생명의 길이라는
보각국사普覺國師 법문이
파꽃으로 걸렸다

덕지덕지 허물 덮어쓴 채
석탑 돌꽃 닮으려는 듯
모가지 하늘로 쳐든
파향의 독경

몸도 치받을 하늘도
흔들린다

가을 제대로 만나다

감나무는 붉힌 얼굴
밤나무는 가시 쫙쫙 찢었다
둘을 마주한 토담은
아무 일 없이 없다

사각사각 물든 금빛 들녘
낮게 더 낮게 날아다니는 고추잠자리
아이들을 희롱한다

어릴 적 솜씨로 잠자리채 잡고
논두렁길 내달리니
개구리도 이리저리 뛰고
메뚜기도 덩달아 흩어진다

가을 만난 설익은 나
마음도 뛰는데
뒤로 밀려나지 않는 길
감나무에게도 밤나무에게도
토담 울타리처럼 서 있던 나
부끄러워졌다

섣달그믐날 1

가마솥 물 데워 묵은 때 벗기고
몇 날 며칠 열심히 꼽은 손가락
돌로 문질러 벗겨낸 터실터실한 손등
맨솔다마 발라 쬐던 호롱불

썰렁하다

끼어들기가로막기낚아채기윽박지르기

유아독존이
열변을 토하시는 중이다

"아닌 것 같은데……"
먼발치서 툭 터진 한마디

휴대전화가 스마트하다

검색창 커서가 '뭐든지 물어봐!'
눈을 깜빡이고 있다

설렁탕 회식 자리 썰렁하다

겨울江에서

서서 넘겨다보는 강변에
갈바람 분다

핼쑥해진 갈대들
별리의 서러움에
소맷자락 붙잡고 흔들린다

흔들릴수록
뚝뚝 떨어지는 비가 눈으로 바뀌는 날
흔들릴 만큼 흔들리고 나면
홀딱 벗은 나
겨울江 건널 수 있을까

침잠이 너무 길면
저만치 겨울江은 스멀스멀 일어나
꽁꽁 언 내 손 당겨
거룻배라도 태워줄까

천부당만부당

히히대는 이기심이 전구를 달구고
밤낮을 잊고 우는 매미 가엾다

'소음'이란 말 가당키나 한가

여기저기 무소불위의 불도저 소리
주야장천 아우성치는 민초만 딱하다

우는 매미를 두고 '소음'이란 말도
'일벌백계'란 말도
천부당만부당일 것이다

단풍

용발톱 구경하겠다고
마다치않고 천릿길
설악산 오른다

거친 숨소리 땀 뻘뻘 흘리는데
용발톱이 거꾸로 내려온다

물도 내려오고
바람도 내려온다

조급한 마음 물에 씻고 바람에 헹구어서
치맛자락에 용발톱 매달아 본다

마음까지
서서히 물들고파서

공존

헐티재에서 오르는 비슬산은
길 지워진 숲이 숲으로 이어진다

큰 나무 아래 작은 나무 더 작은 나무 밑 잡풀들까지
한 이웃 되어
오순도순하다
햇볕 나눠 쓰고
공기도 물도 갈라 먹고
함께 흔들릴 줄도 안다

보나마나 척박한 터 속에서는
서로의 뿌리를 붙잡아준다는 것

'과욕은 죽음, 나눔은 생명'

숲이 일러주는 말에
세속의 욕심을 나 훌훌 벗는다

3

빵 터지다

옛집

나이테로 칭칭 동여맨 늙은 감나무가 꾸부정하게 지켜서 있다
세월은 거침없이 지나갔는지, 추녀 밑 서까래는 얼룩져 있다
장독대에서는 푸른 이끼가 어머니의 부재를 알린다
바쁜 걸음으로 찾아온 저녁 까치는 까꺅 까꺅 나무란다

나를 보고 왜 이제 왔느냐고

들어본 적이 있으신지

조문객 보고 벌떡 일어선 상주喪主
청승맞게 토해내는 바짝 마른 호곡을

안면근육 힘 빼고 머리 조아리며 비통한 표정을 건네는
문상객의 위로를

상갓집 술로 인심 내려는 얄팍한 권주
술이 술을 부르는 상갓집의 권주가를

술판 넘어 화투판까지 무사통과되는 재미에
친구부모 두 번 세 번 죽인 이야기를

일회용 숟가락 붉은 기름이 찰기 없는 밥알에게
어서 덤벙 들어오라고
꼬드기는 소리를

생각 버겁다

염천 공묘엔 군화 소리 짙다

이천여 년 지성至聖이 저급한 죄목으로 형 받아
핏발선 홍위병 철퇴에 내려앉았다

일본 베트남이 먼저 죽였고 나라마저 공자를 죽여 버렸다
죽이지도 못한 우리들만 공묘 앞에 늘비하게 줄 섰다

죽인 지 반세기도 안 된 그들이
공자공적비 일으켜 다시 띄우건만
동강 난 비석 조각 고개를 흔들고
시멘트 땜질 실룩거리며 웃는다

수술병동에 든 공묘孔廟를 죽이느냐, 살리느냐

생각 버겁다

표리부동表裏不同

목자가 있다, 아흔아홉 마리 버려둔 채
길 잃은 한 마리 찾아 나선다

염소가 있다, 양을 선호해서 양의 옷을 입고
뿔은 동그랗게 뒤로 말고 양의 무리에 섞여든다

평화로운 눈길로
순종하는 걸음으로
몸 밖의 염소를 꽁꽁 숨긴다

양처럼 행세하다가 눈 밝은 양을 만나면
염소 같다고 외려 선제공격을 한다

끝내 염소인 게
들통나면
다른 양무리를 찾아간다

맷가마리

황톳빛으로 흐려진 샘물은 다 알고 있다

맑은 물 그냥 못 두는, 웃음꽃밭 그냥 못 지나치는
더 옳다는 것 그냥 못 참는
저 혼자만 모르는 그것을

시도 때도 없이 휘젓거리고
여기저기 들쑤시고 싸지른 그것이
가끔은 매 맞고 싶을 때가 있다

맷가마리가
거꾸로
매를 벼르는 우물가에
삼지창 날 세운 도깨비풀

누군가의 바짓가랑이에 달라붙었을 때
사정없는 매를 기다려
툴툴 털려나고 싶듯

신 기도문

"주님! 배고파 죽겠습니다. 제발 살려주소서."
몇 날 며칠 쫄쫄 굶었다고
호랑거미의 기도, 여덟 손발 간절히 비빈다

"주님! 무서워 죽겠습니다. 제발 안전을 허락하소서."
천적으로부터 안전했으면 좋겠다고
호랑나비의 기도, 여섯 손발 간절히 비빈다

그 뒤 호랑거미가 쳐놓은 거미줄에 호랑나비 걸렸다

호랑거미
"주님! 일용할 양식을 허락하셔서 감사합니다."

호랑나비
"주님! 어찌 저를 버리시나이까?"

응답을 듣다
'무엇을 먹을까 무엇을 입을까 걱정하지 말라 하였느니라.'

버거운 상대

문둥이 겁나서 오르지 못한 뒷골 흐드러진 참꽃밭을
봉당마루에 누웠다가 스르르 꿈에서는
서슴없이 올랐다

건넛집 순희 손잡고 올랐다

달리는 듯 나르는 듯
꽃 한 아름 꺾어 안긴 순희와 그렇게 둥둥

두 얼굴 새기려 옹달샘에 이르러
손바닥 모아 떠주는 물 한 모금
난데없이 날 부르는 영구 목소리에
손안에 가둔 진달래 부르르 떨리었다

꿈에서 순희 만나는 것까지 방해하다니, 더펄이 영구는
여전히 버거운 상대였다

노숙자路宿者

문디짜슥 얼굴 쫌 보자는 부산갈매기 부름 받고 광안리 생선 횟집에 갔다

시계 속에 열한 시 막차 그려 넣고 한 병만 더, 한 병만 더, 시원블루, 시원블루 술맛이 술맛 아니어서 친구도 나도 꼭지가 돌았다

갈증이 온몸을 더듬는 후유증, 꾹꾹 참은 눈꺼풀 거북하게 치뜨니 창밖 스치는 역사 기둥들 평택 평택 평택

한 시간 표 다섯 시간 탔다고 여객전무에게 이실직고하니, 서울역 가서 첫차로 내려가란다

되돌아 찾아온 동대구역, 노숙자露宿者가 노숙자路宿者 보고 실룩 윙크하고는 두 손 벌리고 넙죽 엎드린다

빵 터지다

쑥부쟁이도 쑥인 줄 알았던 내가
쑥떡 맛에 쑥 캐러 따라갔다

쑥밭이라 소문난 위천 둔치
온통 쑥이라며 아내는 캤고
쑥밭에 쑥이 없다며 나는 여기저기서 뜯었다

다듬은 쑥 한 보따리 안고 찾아간 떡방앗간
번호표 없는 3번 받자마자
뒤따라 4번 아주머니 도착했다

방천시장 떡방앗간 대머리아저씨
쑥 넣으면 이만 원, 쑥 빼면 만오천 원

아저씨 뭐라고요?
눈 맞춰 쑥떡 쑥떡 아줌마들
얼굴에 붉은 웃음 빵 터졌다

형광등 나도 뒤따라 터졌다

발치拔齒

부질없이 다투던 실개울 징검돌
개중 하나가 떠내려갔다

제 자리 최고라던, 제 다리 가장 실하다던, 제 등짝 제일 넓다던
징검돌 자리가 비어있다

개울이 푹푹 남기는 한숨에
달려온 잇몸 위의 길이 주춤한다

떠나간 징검돌은 지금쯤 어디에서
왔다가 돌아서는 길 위의 저 발걸음
그리워할까

바들바들 떨며 등을 밟던
여린 발바닥의 몰랑한 무게도
그리워할까

참꽃축제

비슬산 참꽃이 몸에게 말을 건다

힘들지, 좀 쉬었다가 가자
목마르지, 물 한 컵 줄게

혹사당하고 홀대받았던 몸의 스트라이크에
점점 볼륨을 키워가는 참꽃들

제대로 응답하지 않으면 붉게 벌리는 꽃잎으로
나를 꿀꺽 삼킬 것 같아
고마워, 고마워
낮은 목소리로 몸이 건네는
응답

닮다

견공 목줄 잡은 초로의 사내가
뒷동산 산책로를 올라왔다

사내가 끌고 가는가, 개가 끌고 가는가

주인 개 운동시키는지
개 주인 운동시키는지
옆으로 걸어가는 길섶 청솔모도 방방 뛴다

헷갈리는 모양이다

확실한 것은 개와 사내가 빼닮았다는 것
우락부락한 눈, 번지르르한 얼굴
뒤뚱거리는 걸음까지도

어떤 거짓말

'편안히 떠나도록 기도해 줄게'
입속말 입 밖으로 나올 때는
"그래도 편한 마음으로 지내거라"가 되고 마는
그 친구 병문안 갔다

매번 아니 감만 못하다면서
그 친구 병문안 또 갔다

인풋 아웃풋 타율에 맡겨지고
자모음 조합하던 눈 깜빡임

그마저도 잃은 휑한 눈동자가
빗금 쳐 말린 시간 위에 꽂혀있다

연전연패 내몰린 십여 년 외길
말길마저 수신 쪽만 남아 답답해 죽을 지경일 그에게
나 오늘도 원맨쇼 한다

이길 수 없는 병마가
손발부터 팔다리 거쳐 몸통 쳐들어와서
이제 심장마저 위태하다는 병문안

아니 감만 못하다면서
또 가게 되는 관계 중의 관계

환향還鄕

온전히 가시를 내맡기면
아픈 만큼
고운 향기 뿜어낼 수 있을까

미치도록 사랑해서
운다는 뻐꾸기 울음은
핑계다

나 누굴
사랑했던 적 있었던가

하굣길 방천 둑에서
찔레순 꺾어주다 피 흘린
누나의 손등을 본
그 이후

철없다

머슴 따라 야반도주했던
열일곱 살 화자가 돌아왔다

벌거벗은 꽃 동짓달에도 피울 줄 아는
여자가 되어 돌아왔다

다시는 태양의 포근포근한 꼬임에
홀까닥 넘어가지 않겠다고
어금니 앙다물었다

내 눈빛과 마주치는 순간
긴 치마 걷어붙이는 속도는 빨랐다

온몸으로 철망 울타리를 넘는다

다 카포

장미 울타리를 뭉근한 어둠이 뛰어 넘는다

새벽 뺨에 꾹꾹 찍힌 붉은 자국들
밤새 피 흘린 가시몸통의 사랑법인가

성당 종소리 허방 짚어온 다 카포에
뒤끝 읽고 희끗희끗 밀려오는 소리

새벽 미사길 얼룩가슴 쓰다듬는다

* 다 카포 da capo : 악보에서, 처음부터 되풀이하여 연주하라는 뜻. 도돌이표.

넝쿨장미

마담이 호색녀라고 입소문 나서
내로라하는 술꾼들이
어물전 파리처럼 모여든다는
술집 비연

사지 빌빌 꼬아대는 시뻘건 대낮을
웃음에 분 바르고 기다려온 저녁이니
비가 오나 비 멎으나
나 너를 찾아가지

농염의 가시 곧추세웠거나
무장한 위엄이면 어때
온몸 긁히고 찍히더라도
나 너를 찾아가지

술꾼들 모두 떠난 새벽에는
그녀가 기댈 담장인 듯
나른한 몸 그대 곁에 눕히지

두꺼비 읽다

거실 장식장 위에 좌정한 두꺼비는
웃을 듯, 울 듯한 어중간한 표정이다

설악산 기념품점에서 들인 두꺼비는
왕인 양 저 혼자 근엄하다

우툴두툴 온몸의 돌기 불가근불가원인 듯한데
손자 사랑 떡두꺼비 떡은
황금빛 호박 팥시루떡인가

어쩌다 바보처럼 헤벌린 입으로
파리보다 빠른 속도를
넙죽 잡아 물겠다는 속내를 누가 알까

툭 불거진 눈깔 넓은 콧구멍
큰 입으로 턱 버티고 앉은 자세는
굴곡 없는 몸통이다

증산增産

고희기념 가족사진 거실 벽에 걸려 있다
어딘지 조금씩 닮은 열넷
짠 듯 웃고 있다

둘이 만나 한 집에 살면서
셋 되고, 넷 되고, 다섯까지 되었다

둘이 만났던 우리 나이 넘어서자
하나 떠나가고, 둘 떠나가고, 셋까지 떠나가니
다시 둘만 남았다

둘이 되어 떠났던 아이들
모두 셋 되고 넷 되었다

둘이서 열두 식구를 늘렸으니
이보다 남은 장사 어디 있을까

한 보따리 웃음 꾹꾹 씹어도
자꾸 입이 열린다

관망

졸들었던 가뭄 금방 잊고 간밤 소나기 만난 나팔꽃
보란 듯이 안쪽까지 벌렸다

붉은 마음, 흰 마음 밤새도록 통음하여
토해낸 분홍인가

된다는 흰 마음, 안 된다는 붉은 마음
그녀 향한 뒤죽박죽 두 마음

이도 저도 아닌 분홍은 결국 너 맘대로 하라는
알아서 하라는
참 보드라운 암시가 아닐까

4

마지막 약속

숭엄하다

여자고등학교 울타리에 기어오른
나팔꽃은 잿빛이다

차가운 철망 가슴으로 끌어안은 채
얼어붙은 검불의 몸이다

산산이 부서지지 않고는
풀릴 수도, 쉴 수도 없는, 꼼짝달싹할 수도 없는
철조망 밖의 구금이다

꽃 대궐 차려 나팔 불었던 환희는
형벌이라 할 수 없는
손잡은 생과 사의 영어에서
또다시 오를 내일을 수태하고 있다

미동도 없다
풀풀 흩날리는 눈발 속에
그냥 부서지기만을 기다리는
넝쿨이 놓아주지 않는 나팔꽃

페르소나

하회별신굿 탈놀이
초랭이 방정
양반 선비 희롱한다

탈 안 위선 가식
탈 밖으로 들통 내는
금기의 해방구

마당 밖 탈까지 벗기는
작위의 몸짓은
한마당 페르소나다

대베리아* 입춘

2월 4일
계절의 본색은 칼바람이다

추녀 고드름 키재기를 하고
나무마다 빈 가지 움츠렸는데
입춘이라니 생뚱맞다

실개울 물소리도 없고
살랑대는 버들강아지도 없는데
봄이 시작된다니 뜬금없다

가만가만 다가가
기지개 나뭇가지 끝에서
고드름 물러지는 걸 보니
입춘이 맞는 것도 같다

후다닥 오는 것은
후다닥 달아날 것만 같아

귓바퀴 쫑긋 세워
살금살금 다가오라고
몽니를 부린다

* 대베리아 = 대구 + 시베리아

덧셈경쟁

"내가 누구?"
"친함머니"

할머니 외할머니를
대구할머니 구미할머니로 부르는 네 살배기
외할머니는 뭔 말인지 몰라도
친할머니는 영글게 맞힌다

이번엔 할머니
손자 녀석 양팔저울에
사랑의 무게 달아본다
"대구할머니 구미할머니 중에 누가 더 좋아?"
"구미함머니"
버거울 줄 알았던 시험
싱겁게 끝난다
단판승부다

언젠가부터

외할머니 자리로 밀려난 친할머니
친자가 붙어서 외려 외로워도
손자사랑 지나침이 없다

떠먹여 주고, 놀아주고, 재워주는 덧셈경쟁
할머니 통치마 치맛자락에서
계절 없이 함박꽃 핀다

완숙기完熟期

십 년을 다섯 번이나 건너뛰고 보니
오십 년도 그제 같다

탄력의 속도가 붙으면
추월도 가볍다

물정 몰라서
꿈이 많아서
할 일이 많아서
그때마다 욕심의 끈이 있어서 좋았다

이제야 시간의 갑질에서 한발 물러나
하고 싶은 일할 수 있어서
지금은 빛나는 노년이다

고난의 시간은
주저리주저리 추억으로 영그는
보석이다

그 자리

등 굽은 노송의 세월이
담 너머 그늘로 비스듬히 누웠다

골목 어귀에 앉아
빛바래진 묵은 정서가 지켜온 곡선
굽은 길 또 굽히고

돌담 다 품은 담쟁이
촉수로 읽던 경전 물린 채
호젓한 시간을 탐한다

터만 남은 무계정사
첩지머리 호박비녀 꽂은 문지기 능소화
슬픈 그리움만 흩날린다

똑같다

흙바람도 지나치는 아파트
울타리 구석
녹슨 자전거 누워있다

흙투성이 안장
바람 빠진 타이어에게도
팽팽한 시간 있었겠지만

버려져서 녹슬고
끝내는 사라지게 될 명운

찾지 않아서 멀어지고
관심이 무심하여
영영 잊히는 사람

똑같다

멍텅구리 불심

수파 찾아든 불영지에
천축산 부처님 내려오셨다

따라온 산마루는
거꾸로 자세가 편하다
설법에 취했는가 보다

어리연꽃 환호성 지르고
산바람 군무 살랑살랑
뒤따른다

남 따라 합장하는 무념
멍텅구리 불심
깃을 세워본다

무승부無勝負

해맑았던 미소 샐긋대던 볼우물
아닌 척 떼던 시치미
모두 걷어낸 채였으니

순희 고희 핑계는
보고 싶다는 신호였다

소꿉친구 나도
훼방꾼 영구도, 용팔이도
모두가 개선장군
육십 년 전 승부는 무승부다

줄 설 때 같이 섰던
다툴 때 한 편 먹었던
일편단심 흑기사였던 나

얼러리 껄러리 얼러리 껄러리
들통난 짝꿍이라 놀려대도
그것쯤은 대수롭지도 않았지

"이 자식아가 배신 때렸지, 조강지처 두고서"
순희 웅숭깊은 눈웃음
환하다

목련나무 의자

겨우내 묶어 두었던 쪽배들이
상여를 따르는 육남매 두건 위로
일제히 출항이다

목련나무 아래 놓아둔
목련공원 나무 의자는
목련보다 먼저 빛이 바래고

맨 처음 문 열고 나온 가지가
목련의 눈물이 뜨겁다 하자
지구를 반 바퀴 돌아
울리는 안부 전화

듬성듬성 안 가본 하늘에
노둣돌을 놓고 있다

한 번에 멀리 날아갈 수 없어
구름 위에 잠시 걸터앉아 쉬고 있다고
꽃피고 지는 일 서러운 일 아니라고

떨어진 꽃은
흔들리기 전 먼저 뛰어내릴 생각이었다고
흰 의자를 하얗게 덮는다

바쁜 춘심

하늘 질러온 경칩 바람
여낙낙하다

해빙의 편린 수런거리며
나목 가지 검은 침묵 일깨우고
목 잠긴 개울물 비단개구리 불러내
화음 고르자고 조르고

멧새 알종아리
은빛 햇살 걸어놓은 솜털 버들가지 붙잡고
춤사위 바쁘다

키 낮은 나무들
까치발에 목 빼 들고 서서
봄소식 귀동냥 중이다

경칩 바람 산 위로 간다
분답다

배롱나무 들키다

산책길 초입 늙은 배롱나무

새털구름 닮은 그리움 이고
팔다리 비비 꼰 채
연정 품은 매무새
깃 세웠다

세월이 약이던가

늙을수록 매끄럽다

꽃피워 새빨갛게 숨기려 하지만
원숭이도 범접 못 할 성미
들키고 말았다

비꽃

후두둑 후두둑
일기예보 뒤집은 늦여름 소나기가
산행 걸음 되돌린다

비그이 핑계
쳐들어간 거조암 영산루엔
비꽃이 피고 지고 피고 지고

비우고 비워도 비울 게 있다는 빈 몸
허공에 걸어 바람에 비우는 목어
비꽃에 물들까 봐
뜬 눈 크게 뜬다

비꽃에 젖은 산행객
채우고 채운 무게
젖은 나리꽃 쿵쿵 두 발로
털고 있다

* 비꽃 : 비가 내리기 시작할 때 성글게 떨어지는 빗방울
* 비그이 : 비를 잠시 피하여 그치기를 기다리는 일

선보다

쇠뿔도 꼬부라지는 복더위
한 대야 나비물에
누렁이 움찔 놀라
선잠 토막 내고 일어선다

뒷다리 쭉
앞다리 쭉
오수 쭉쭉 찢어진다

나비도 모르는 나비물
누렁이 힐끔힐끔 살피는데
올가미 펼치던 개장수
시치미 뚝 뗀다

아린芽鱗

익어 터진 참빗살나무 열매
봄꽃보다 더 매혹적이다

곧바로 가까워진 것은
쪽머리 빗던 어머니 참빗 때문

겨울눈 만들던 늦가을
겨울눈 아린으로 꽁꽁 싸매고 견디던 한겨울
겨울눈 터트려 잎도 틔우고 꽃도 피우던 이른 봄
단속적으로 만나서 얻은 대답은

"나무는 아린이 있어서 살아남을 수 있다"

세파의 혹한
인간 겨울눈 생존법도
아린芽鱗만이 답이다

* 아린芽鱗 : 겨울눈을 싸고, 나중에 꽃이나 잎이 될 여린 부분을
보호하는 단단한 비늘 조각.

요단강의 변신

젖과 꿀이 흐른다던 곳
넘겨다보지 말라던 그곳

미련하게 뒤따라갔다가
줄줄이 잡혀서 내동댕이쳐진
들꽃무리

농심이 자라는 그곳
요단강이 둑으로 서 있다

일떠서다

새는 지붕 둔 채 방바닥 훔치고
문 열어둔 채 모기 잡아야 하는
코로나19 방어선
위도 옆도 뚫려 있다

적대세력 없고, 전장 전선 없는
공포만 있는 공멸의 전쟁

학교 교회 공장 문 닫히고
나라 사이, 사람 사이 끊긴
만인의 만인에 대한 불신

보이지 않는 무차별 공격에
온몸 오롯이 현시한
일방적 수비 비대칭 전력

마스크에 사회적 거리 두기
같은 편이라고, 너무 가까이하지 말고
다른 편이라고, 너무 멀리하지 말라는

창조질서 매질인가

코리아 절체절명 위기
민초들 유전자 일떠서는
고난극복의 처절한 역사

치유治癒

숲속의 소리, 산경 따라 걷는 걸음 붙잡는다. 허리 눈높이로 가만가만 다가가니 비켜주세요! 밀지 마세요! 해바라기하는 핼쑥한 얼굴들, 터 잡기 하는 파리한 몸짓들이다. 해님이 지나다니면서, 달과 별이 위무하면서, 비바람이 휘돌아 흔들어대면서, 필시 그 얘기 다 들어주었을 터. 숲 역사는 자연의 자연 극복기이다. 우리 살아가는 세상에도 해와 달과 별 비바람 그대로니 우리들 얘기 다 받아줄 거야

마지막 약속

"제발 꽁꽁 묶지 마라." 의사에게서 3개월 시한부 사망 선고를 받은 친구가 '일부러' 하는 부탁이다. 그의 어머니 염할 때 속 매끼 겉 매끼 열 두 매끼 꽁꽁 묶는 것 보고 답답해서 또 죽을 것만 같았다는 것

그 친구 칠성판에 누이고 "친구야, 나 자네 부탁 잊지 않았네." 안심시키고서 매끼마다 줄을 하나하나 쳐올리며 헐렁하게 묶었다. 입관하기 전에 귀에 대고 "친구야, 이만 하면 됐지!" 속삭이니 '괜찮다' 편안한 표정 짓는다

회생回生

앞산 자드락길 참꽃나무
꽃눈 총총 달고 꼿꼿이 일어섰다

자줏빛 앙다문 입술
발발 떠는 사지
꽃샘추위와 마지막 결전 중이다

죽은 듯이 삼동 견뎠다가
검버섯투성이 깡마른 몸체에
새 생명 잉태하다니
사람보다 한결 낫구나

눈물 콧물 싹싹 빌어 풀려났으니
꽃샘 손에 멱살 잡힌 나
참꽃나무에게 배울 일이다

호객呼客

장마 끝
산책길 질어
마른 데로 질러갔다

후일 갔더니
너도 나도 질러 다녀
번듯한 새길 되었다

본디 길 제쳐두고
다녀야 길인 것을 아는
새길
떡하니 벌리고
호객 중이다

생강꽃 당신

먼저 터트린 꽃눈

지난 성탄절 그대 기다리며 켜둔
전구인 줄 알았지 뭐예요

얼었다 풀리는 가지에서
부스러기로 덜컥거리는 심장

앞산은 부풀어 오르고
꿈틀거리는 능선에 놀라
배꼽 다친 멧새는
언제 다녀갔나요

찔끔찔끔 새의 눈물 자국 말리느라
전구는 밤새 눈 감지 못했나 봐요

잠에 퉁퉁 부은 눈 당신
눈부신 첫 햇살에
기지개를 켜네요

협곡구간

꾸다 만 꿈의 난간이
혼자 남겨진 오후 내내 뾰족하다

바닥에 닿은 비가 소리로 다시 오르기에
벽의 각은 너무 가파르고 멀다

오랜 직립보행으로 검게 변한 관절
허물어지는 소리 조금씩 들렸다

내리 깎이는 힘과 솟아오르는 힘이
만나는 곳은 협곡의 중간쯤

벼랑이 깊을수록 깃든 바람은
둔탁하게 돌아오는 화음일 것이다

눈앞 캄캄할 때 환해지는 절벽
절망에도 이끼는 자란다

발화의 자리

어제까지 그 자리에 있던 건물이
한순간에 잿더미가 되었어도
불길이 전부를 태우고 말았어도
초입에 제압되지 못한 사랑은 붉다

언제 어디서나 감시자 세워두어도
불길은 딸꾹질, 조금만 태우겠다는 다짐은
언제나 무용지물이 되고 말았다

고양이가 수시로 드나들던 곳에
하필 불길은 순식간에 번지고
구석에 세워둔 소화기 들지 못해
한 눈을 잃고 말았다

온몸 쏟아버리지 못하는 시소게임
위가 아래가 되고 아래가 위가 되는
반복의 징후는 늘 있었고
형광펜처럼 감축되는 검지에 힘 가하면서

안전핀의 봉인은 먼지만 쌓여 갔다

몸의 분말들
한 번도 제대로 투척해 본 적 없는
늘 세워두는 소화기 자리는 모서리

사랑의 몸통은 여전히 붉다

무화과 꽃목걸이

입술 잘근잘근 씹으며 여기까지 왔지만
이제 화끈거리는 꽃자리는 안으로 남겨둘 생각입니다

열대의 온도를 끌어와 채우던 방 안
어두워도 환기구는 필요하겠다 싶어
아무렇게나 뻗은 가지에 철새 둥지 하나 걸어둡니다

잎이 무성해지면 나의 바깥은 너무나 어두워서
종일 듣는 빗소리를 열매의 안쪽에 들려줍니다

그냥 목이 허전해서 두르고 나선 꽃목걸이를
다시 내리는 비가 시샘할 때도
따끔거리는 입술은 감추려 합니다

몽고반점처럼 어두워진 길로 물컹한 발자국을 떼어놓습니다

해설

기억의 서정, 혹은 허공과 후모어Humor의 시

김상환 | 시인

1.

사소함에서 허공에 이르는 거리, 그것은 소본召本 은종일이 걸어온 시의 자취이자 지남指南이다. 칼 라너Karl Rahner가 말한 일상의 신학을 보면, 인간이 있는 곳이란 모두 온 하늘을 담고 있는 물방울처럼, 실재의 숨은 깊이를 드러내고 있다. 일하는 것 · 가는 것 · 앉는 것 · 보는 것 · 웃는 것 · 먹는 것 · 자는 것 등에서 '먹는 것'만 보더라도 이보다 더 신비로운 일은 없다. 그도 그럴 것이 식사는 죽은 것이 산 것으로 화하는 일이며, 어떤 존재물을 그 본성은 유지한 채 더 고차적이고 더 포괄적인 다른 현실 안으로 포섭하는 일이기 때문이다. 이러한 라너의 시각과 통찰은 우리로 하여금 일상을 새롭게 이해하고 발견하며, 일상에 참여하는 일이야말로 하느님을 체험할 수 있는 공간으로서 고요를 누리는 일이 된다. 정감 있고 인간적이며, 유머러스하고 평이한 가운데 예지력이 돋보이는 그의 시는 때로 "사점死點" 그 너머를 바라보게 한다. 하여 "중요한 것은 사소하고/ 사소한 것이 중요하다”(「사소한 자각」)는 평범한 사실을 새삼 일깨운다.

그에게 시는 꿈과 삶을 잇는 곡선의 형태를 지닌다. 「직선을 점령하다」(“구부러진 개울에 물고기가 살더라. 구부러진 길에 들꽃도 산새도 있더라. 구부러진 밭두렁에 호박이 열리더라. 구부러진 길 감자 언덕 넘어온 사람에게서 삶의 향기가 나더라// 직선의 고향도 본디 태반처럼 구부러진 마을이다”)에서 보면, 이 시에 나타난 선은 굽은 개울, 굽은 길, 굽은 밭두렁, 굽은 마을처럼 직선을 떠나 있다. 문명이 직선의 형태를 지니고 있다면, 자연은 곡선을 유지하고 있다. 오늘날의 고향 모습은 문명화된 양상을 지니고 있어 직선에 가깝지만, 원래는 태반처럼 둥근 것의 표상이 아니었던가. 태아와 엄마를 연결하는 통로로서 태반은 생명이다. 태반의 선線은 선善이자 선禪이다. 존재의 탯줄로서 인간과 시에는 삶의 향기가 스며들어 있다. 그에게 시는 생명의 생명으로서 아린이다(“아린芽鱗만이 답이다”). 아린은 나무의 겨울 눈을 싸고 있으면서 뒤에 꽃이나 잎 따위가 될 연한 부분을 보호하는 비늘 모양의 기관을 말한다. 직선에 완강히 저항하는 곡선의 힘, 아린은 고통을 온몸으로 참아내며 타자로 하여금 새로운 생명의 꽃을 피워낸다. 태반과 아린의 시는 존재의 안과 밖의 만남이자 이음이다. 이번 시집에는 기억 속의 시간과 장소, 인간에 대한 그리움이 있다. 후모어Humor의 말과 기분이 있다. 그것은 허공에 이르는 길로서, 일상과 자연에 대한 새로운 진리이자 방법에 속한다.

2.
가마솥 물 데워 묵은 때 벗기고
몇 날 며칠 열심히 꼽은 손가락
돌로 문질러 벗겨낸 터실터실한 손등
맨솔다마 발라 쬐던 호롱불
–「섣달그믐날 1」 전문 ①

나이테로 칭칭 동여맨 늙은 감나무가 꾸부정하게 지켜 서 있다
세월은 거침없이 지나갔는지, 추녀 밑 서까래는 얼룩져 있다
장독대에서는 푸른 이끼가 어머니의 부재를 알린다
바쁜 걸음으로 찾아온 저녁 까치는 까꺄 까꺄 나무란다

나를 보고 왜 이제 왔느냐고
–「옛집」 전문 ②

인용시는 전통 서정의 방식으로 과거적 시간과 장소를 그 배경으로 하고 있다. 기억은 검은빛("기억의 눈알은 새까맣다", 「생존의 방식」)으로서 인간 내부에 도사리고 있는 존재와 생성의 힘으로 작용한다. ①의 경우는 까치설인 음력 섣달 그믐, 가마솥에 물을 데워 가는 해의 때를 벗기고 새해 새아침을 맞이하는 장면이다. 어린 시절 이날을 손꼽아 기다리는 데는 물론 세뱃돈과 설빔이다. "터실터실한 손등"의 때를 무지막지하게 문질러대던 돌, 호롱불 아래서 씻고 난 손등에 바르던 맨솔다마는, 그때 그 시절을 경험한 이라면 누구든 공감하게 되는 소도구에 속한다. '맨솔다마(통) · 호롱 · 가마솥 · 섣달 그믐달'의 부드럽고 완만한 곡선은 실로 아름답고 애잔한 감이 있

다. 그런 점에서 일견 박용래의 시를 닮아 있다. 이와 달리, ② 의 경우는 부재의 정서가 표면화되어 있다. 고향 집의 늙은 감나무와 얼룩진 서까래, 장독대의 이끼는 어머니의 부재를 특징적으로 보여 준다. 게다가 고향집 저녁 까치는 "까꺅 까꺅" 하고 늦게 찾은 '나'를 탓하고 나무란다. 부재와 상실, 회의懷疑와 경이驚異는 시작詩作의 주요 모티프가 된다는 점에서 이 시 또한 예외가 아니다. 부재는 존재와 대립되는 성질의 것이 아니라, 다른 방식의 존재에 해당한다. 나에게 옛집으로 환기되는 어머니와 고향의 사물들은 지울 수 없는 하나의 그리움으로 남아 있다.

『옛날에 대하여』의 작가 키냐르에 의하면, "가장 최근의 것이 가장 낡은 것"이고, "불가능한 이미지는 언제나 새로운 것"이다. 그리움이 그런 것처럼, "가장 닳고 닳은 주제가 가장 미친 듯이 새로운 것"이다. 소본의 서정은 사랑의 순수한 기억을 노래한 「환향還鄕」("하굣길 방천 둑에서/ 찔레순 꺾어주다 피 흘린/ 누나의 손등을 본/ 그 이후")이나, 계절에 대한 기다림의 정서를 묘파한「바쁜 춘심」("키 낮은 나무들/ 까치발에 목 빼 들고 서서/ 봄소식 귀동냥 중이다/ 경칩 바람 산 위로 간다/ 분답다") 등에서 아름답게 형상화되어 있다.

첫 시집 『사소한 자각』(북랜드, 2017)의 해설(박윤배)에서도 잘 지적하고 있듯이, 소본의 시는 사소한 일상의 가치를 해학적 성찰로 빚어내는 데 남다른 장기를 발휘하고 있다. 이번 시집에서도 예외가 아닌 만큼, 그의 시는 후모어가 특징적이다. 후모어Humor는 유모어humour와 기분humeur을 포괄하는 말로서 기지와 해학諧謔을 나타낸다. 해학은 익살스럽고도 품위가 있는 말이나 행동을 뜻하며, 여기에는 언어적 요소와 비언어적 요소가 있다. 해학 기술의 요소로는 불합리, 의인화, 우연의 일치, 아이러니와 패러디, 동음이의의 익살, 풍자, 성적性的 암시, 갑작스런 관점의 전환, 의미의 반전, 낯익은 것의 일시적 이화異化 등이 있다. 고대 생리학에서 유머는 원래 체내를 흐르는 혈액을 말한다. 그 체액humor의 배합 정도에 따라 사람의 기분이나 기질 등이 변화한다고 믿던 데서 점차 뜻이 변형되어 오늘날 해학으로서 의미를 갖게 되었다. 후모어는 웃음이자 농담이며 수용성을 나타낸다. 이는 상대적으로 여유가 있는 삶의 태도와 방법에서 발생한다. "삶은 가장 큰 웃음"(오쇼 라즈니쉬)이며, 우리는 "농담이라 쓰고 인생으로 읽는다"(밀란 쿤데라, 『농담』).

그의 시 「맷가마리」("…시도 때도 없이 휘정거리고/ 여기저기 들쑤시고 싸지른 그것이/ 가끔은 매 맞고 싶을 때가 있다// 맷가마리가/ 거꾸로/ 매를 벼르는 우물가에/ 삼지창 날 세운 도깨비풀…")를 보게 되면, 방언과 설화적 상상력에 기반한 유머와 위트가 느껴진다. 표준어에 비해 방언에는 긴장의 국면을 이완시키는 웃음과 재미가 있다. '매를 맞아 마땅한 사람'이란 뜻의 '맷가마리'는 대신 매를 맞고 돈을 버는 조선 시대의 매품팔이와는 차원이 다르다. 옷에 달라붙어 쉬 떨어지지 않은 도깨비바늘(도깨비풀 · 도둑놈풀 · 도꼬마리)과 〈도깨비방망이-도둑놈-매〉가 연상된다. 그리고 시도 때도 없이 말썽만 부리던 어린 시절의 매는 어른들의 사랑의 손길이다. 그런 점에서 이 작품은 방언과 유머의 결합으로 이루어진 그리움의 시편이다. 앵도나무 우물가가 아닌, 매를 벼르는 우물가에서 시인은 이제 삼지창 날 세운 도깨비풀이 하나도 두렵지 않다. 「맷가마리」를 읽는 또다른 재미는 순수한 우리말의 활용과 묘미에 있다. '맷가마리 · 휘정거리다'(「맷가마리」)를 비롯해, '늘비하게'(「생각 버겁다」), '뭉근한'(「다 카포」), '울가망한'(「홀딱 벗다」), '타끈한가'(「어느 종종걸음」), '졸가리'(「전업轉業」), '비그이'(「비꽃」), '일떠서다'(「일떠서다」), '졸들었던'(「관망」), '애면글면'(「지금이 호시절」)' 등이 그것이다. 이밖에 '방방', '홀라당', '홀딱', '홀까닥' 등 의태어나 음성상징어의 활용 또한 독자로 하여금 웃음을 유발하며 삶의 기쁨과 여유를 가져오는 데 크게 한몫을 차지한다.

한편, 「빵 터지다」("… 쑥 넣으면 이만 원, 쑥 빼면 만오천 원// 아저씨 뭐라고요?/ 눈 맞춰 쑥떡 쑥떡 아줌마들/ 얼굴에 붉은 웃음 빵 터졌다")의 경우 누구라도 이 시를 읽게 되면 빵, 하고 한바탕 웃음이 터지고 만다. 이 시는 서민들의 삶이 진하게 배어 있는 공간으로서 떡방앗간을 주된 배경으로 한다. 떡방앗간은 성性과 관련한 언어 유희와 쑥떡(?)공론의 장으로 설정되어 있다. 상황의 부조화를 순간적으로 지각하며 즐거움이나 웃음을 자극하는 재치와 위트 있는 대화로서 후모어에는 막힌 삶을 뚫어주고, 긴장을 풀어주는 놀라운 힘이 있다. 이런 말의 맛과 멋은 자연스러움과 순간적인 기지를 필요로 한다. 그리고 쑥을 캐는 것은 그 옛날 단군의 신화에서 면면히 이어져 오는 우리네 삶의 비밀을 캐는 일이기도 하다. 다음 시는 어떤가.

제삿날 밤 지키다가
실랑이하던 고부는
서로의 눈 감겨주었다

'내가 깨워준다, 안심하고 자거라'
할아버지 장죽이 큰소리 냈다

어느 해 고조부 제삿날
불 꺼진 집 앞에서 제꾼들 되돌아가고
하현달 남쪽으로 가면서
문틈 파고들었다

화들짝 일어나신 할아버지
'이놈의 오줌시계 고장 났나'

새벽닭 울어도
괜찮나
괜찮다

고조부 말씀
늦게 퍼 담은 제삿밥이
식은 등燈 심지에 만월로 걸린다
–「오줌시계」 전문

제야祭夜에 펼쳐진 이 시의 상황은 죽음, 또는 망자亡者와의 대면이다. 죽음을 대하는 태도와 방식은 엄숙하다거나 긴장감을 유발하는 것과는 사뭇 다르다. 제목에서도 엿볼 수 있듯이, 이렇다할 웃음을 유발하는 이 시는 늦은 밤 고부姑婦의 서로에 대한 배려로 시작된다. 자정을 훨씬 넘겨 지내는 제사이기에 음식을 모두 장만하고도 한참이나 더 기다려야 한다. 그러는 사이 눈꺼풀은 점점 더 무거워져 온다. 고부는 서로 양보하며 쪽잠이라도 먼저 청한다. 바로 그때, 가장 연장자인 할아버지는 긴 담뱃대를 두드리며 말한다("내가 깨워준다, 안심하고 자거라"). 하지만 후모어의 국면은 정작 다음부터 전개된다.

어느 해던가 4대조 고조부의 제사를 지내기 위해 모인 사람들은 "불 꺼진 집 앞에서 되돌아가고", 하현달이 문틈으로 파고들 때까지도 제사를 모셔야 하는 가족들은 세상모르게 잠이 든 것이다. 그제서야 "화들짝 일어나신" 할아버지는 갑자기 정적을 깨고 말한다. ― " '이놈의 오줌시계 고장 났나'". 이 한마디의 말에 우리는 웃음보가 터진다. 웃음의 이유는 '오줌-시계'란 인간의 배설물('오줌')과 사물('시계') 관계의 부조화에다, 늦게 일어난 이유를 의외의 탓으로 돌리고 있는 할아버지의 발언에서 찾아진다. 그러나 무엇보다 "새벽닭(이) 울어도/ 괜찮다"는 망자(고조부)의 불가능한 말씀과 상황 설정은 더욱 웃음을 증폭시킨다. "늦게 퍼 담은 제삿밥이/ 식은 등燈 심지에 만월로 걸린다"의 마지막 대목에 와서는 만월의 따뜻한 마음마저 느껴져 읽는 이로 하여금 미소를 짓게 한다.

3.

소본은 지금 인생의 완숙기로서 "빛나는 노년"(「완숙기完熟期」)의 시간을 보내고 있다. 인생을 어지간히 산 그에게 그래도 남은 목표가 있다면, "말매미가 목청껏 흔드는 허공에 살금살금 들어/ 흰 몸통 배롱나무에게 다가가/ 한동안 안겨 잠드는 것"(「막바지」)이다. 여기서 허공에 안겨 잠이 든다는 것은 나를 무화시키는 일이며, 다른 한편으로〈존재의 배후에 깊은 표현 정지의 무無를 보는 일〉(킴바라 세이고金原省吾 · 민병산 옮김, 『동양의 마음과 그림』)이다. 그 결과 시인이 얻게 된 것은 살아 있음의 황홀경이다.「그저 그렇게」는 이를 잘 보여 준다.

> 유등지가 온통 연꽃밭일 때
> 시린 마음자리
> 잘도 참아주었다
>
> 그저 그렇게 좋은 것으로만
> 알았던 꽃
>
> 오로지 숨차게 뛰느라
> 피는지, 지는지 등지고 살아왔다
>
> 넘을 고개 다 넘고 보니
> 시나브로 보이는 꽃
> 이젠 꽃이 아니라
>
> 황홀한 신비다
> -「그저 그렇게」 전문

유등은 꽃이다. 꽃이 아니라 하나의 신비다. 생과 시가 고통이며 황홀한 신비인 것을 아는 데는 고희의 시간이 필요하다. 꽃도 연꽃은 인연생기의 의미를 드러낸다. 상관적 사유와 방법이 시의 주된 방편이라면, 시는 진흙 속의 연꽃을 닮아 있다. 가장 어둡고 무거운 대지에서 가장 밝고 가벼운 하늘을 꿈꾼다는 것, 이 얼마나 숭고한 아름다움인가. 그런 연이 물을 만나 하나의 장소를 이루고 있는 유등은 깨달음의 마음자리다. "잘난 것, 못난 것/ 가진 것, 못 가진 것/(이 모두) 같은 하나"(「파꽃」)의 자리이다. "그저 그렇게 좋은 것으로만/ 알"고 스쳐 지났던 꽃이 이제사("넘을 고개 다 넘고 보니") 조금 보이는 것은? 고은의 시 '그 꽃'에서처럼, 연꽃은 젊은 날("올라갈 때")에는 보지 못하고, 저문 날("내려갈 때")인 지금 눈앞에 펼쳐진, 바로 그 꽃이다. 연꽃은 보는 꽃이 아니라 보이는 꽃이다. 이와 같은 현전現前의 순간은 시적 순간이며, 대상과 주체의 온전한 만남이다. 그리고 양자의 내적 연관을 깊이 느끼고 수용하는 것이 서정시의 비밀이자 아름다움이라면, 황홀의 순간과 신비는 '그저 그렇게'에 주어져 있다. 그저 그런 것은, "거미의 성근 그물"처럼, 하나의 상태이기보다는 "존재의 성채"(「상반되다 1」)이자, 허공 그 자체다.

> 쳐들어온 달빛에 얻어맞았다
>
> 문풍지 흔드는 달빛 소리
> 그때서야 들었다
>
> 담 넘어온 개구리 울음에 밀려
> 정수리 내밀고 중천 올려다보던 나
> 힐끔거리던 달그림자에
> 빗장 풀렸다
>
> 달빛사랑 지워버렸는데도
> 눈물이 났다

아파도 참는 법을 배워
만월 아래 더듬는 촉수
–「취기醉氣」 전문 ①

표제작인 다음 시는 또 어떤가.

출몰한 멧돼지들
부모님 산소 봉분 밀어젖히고
겁 없이 발굽 자국 꾹꾹 찍어놓고 갔다

망극한 불효자 눈비음까지 덤으로
더 높게 새단장까지 했지만
수시로 찾아와 파헤치고 갔다

"야이야, 빌미를 주지 말거라"는
명징한 생전 어머니 말씀

이번엔 평장으로 새집 지어 모셔놓으니
있다가 없어진 봉분에 놀란 멧돼지들
허공 밀어젖히다가
구름 출근부에
몸 도장 찍어놓고 갔다

나도 가끔 그 허공에
콧김으로 찍어놓은
멧돼지 출근부 검사하러 간다
–「허공 도장」 전문 ②

①에서 취기는 달빛의 시다. 죽비처럼 나는 달빛에 갑자기

얻어맞는다. 그리고는 "문풍지 흔드는 (바람 소리가 아니라) 달빛 소리"를 듣는다. 그때 나는 들었다. 여시아문이다. 나에게 달빛은 보는 게 아니라 듣는 것이다. "파향의 독경"(「파꽃」)처럼, "바람에 비우는 목어처럼"(「비꽃」), 달빛 소리는 공空의 감수성을 알고, 이에 취한 자만이 느낄 수 있는 현묘한 기운이자 기분이다. 개구리 울음이 담을 넘는다. 밤하늘을 쳐다본 나는 "달그림자에/ 빗장(이) 풀"린다. 눈물이 났다. 사랑과 이별, 단절과 이음의 경계를 견디는 문지방('나')의 아픔과 고통은 달빛이 사라지고 나서도 계속된다. 다시 만월이다. 나는 추억을 더듬는다. 아니, 나는 지금 빛과 소리, 밝은 어둠이라는 허공에 취해 있다. ②에서 허공은 도장이다. 그것은 부재의 어머니와 어머니의 말씀에 대한 각인이다. "빌미를 주지 말라"는 당신의 말씀이 생전보다 더욱 명징하게 다가오는 것은? 어떤 일을 하기 위한 계기나 핑계가 빌미라면, 어머니는 이미 기미機微의 시인이다. 당신의 산소에 무례한 멧돼지가 출몰하였다. 봉분을 "더 높게 새단장까지 했지만" 아랑곳하지 않고 멧돼지는 저만의 발굽 자국을 남긴다. 하는 수 없이 평장묘로 고쳐 놓았으나 이번에도 기어이 몸의 흔적을 남기고 만다. 나는 멧돼지가 다녀간 여부를 허공에다 묻는다. 시인에게 허공은 (무겁지도 않지만) 결코 가볍지 않다("공空의 두께는 두껍다", 「홀딱 벗다」). 그것은 흔적 없는 흔적으로서 심인心印이다. 심인은 있는 그대로의 자기를 들여다보는 거울이며, "오랜 겁의 세월이 지나도 한결같이 다른 빛이 없다"(心印一歷劫坦然無異色 -동안선사, 「십현담」).

허공의 이미지는 옥연지에서도 잘 나타나 있다. 여기에선 반달을 들인 연못이 허공("하늘 옆구리")으로 설정되어 있다. 연못의 허공은 곡선이 원형으로 나아가는, 미완의 인간이 보다 완전한 인간을 꿈꾸는 과정이자 기원이다("내가 나를 이기는 것이/ 최대의 승리",「힘이 부친다」). 허공은 찰나가 명멸하는 순간이며 빛이 떠도는 공간이다. 이 모든 것을 담아내는 옥연, 물과 빛이 어우러진 옥연에는 팔경玉淵八景이 있다. 서쪽 바위에서의 고기잡이西岩漁笛, 한실들의 농사짓는 소리大坪耕歌, 기세리의 밥 짓는 연기奇世炊烟, 비슬산에 머무는 구름琵岑宿雲, 낙동강에서 돌아오는 돛단배洛江歸帆, 용연사의 새벽 종소리龍寺曉鍾, 다산에서 내리는 봄비茶山春雨, 의봉의 해지는 모습儀鳳落照이 그것이다. 옥연은 옥같이 맑고 깨끗한 마음과 영혼이 아니면 도달할 수 없는 지상의 천상이다.

> 해거름 석양/ 까칠하던 세상의 비늘 드러눕힐/ 보자기 펼친다// 낮빛 파리한 중천의 반달/ 멀어서 더욱 푸른 밤마당 밟으며/ 옥연지 속으로 든다// 명멸하는 눈빛/ 눈빛들이 떠도는 허공/ 뒤꿈치 들고 뉘엿거리다 떨어지는 운석은/ 불붙은 꼬리 중천에 매어둔 채/ 별빛부스러기 툴툴 털고 있다// 반달 들인 연못/ 물의 살결로 비비던 온달 향한 기원이/ 두툼한 왕버들 등뼈로/ 하늘 옆구리 쿡쿡 찌른다
>
> –「옥연지에 반달 들다」 전문

이밖에도 이번 시집에는 정치 사회 종교 현실을 풍자한 시들이 눈에 띤다.「생각 버겁다」,「표리부동」,「신기도문」,「빵, 터지다」 등이 그것이다.

4.

소본召本 은종일의 시는 기억 속의 시간과 장소의 서정을 환기한다. 그런 만큼 연륜이 느껴지며, 말과 삶의 깊이와 아름다움이 있다. 순수한 인간과 순수한 우리말('뭉근한, 울가망한, 타끈한, 맷가마리, 졸가리, 비그이'등)에 대한 그의 사랑은 단순히 수사적인 차원만이 아니라, 시 자체에 대한 향수와 본심이 있다. 소본은 허공과 후모어의 시인이다. 전자가 태도로써 존재 지향의 성격을 갖는다면, 후자는 방법으로써 언어 지향의 성격을 갖는다. 진정한 시간에 대한 경험으로서 시는 공空의 감수성을 필요로 한다. 허와 공은 거기, "그 자리"다. "그냥, 그렇게"의 마음이다. 그 비움과 깨침의 마음 자리에는 그만의 정서와 감각, 예지가 있다. 소본의 허공은 가볍고 경쾌하면서도 "버거운 상대"다. "웃을 듯 울 듯한 어중간한 표정"(「두꺼비 읽다」)에 허공의 비밀이 숨어 있기 때문이다. 그는 팽이처럼 고요한 흐름으로 겨울강을 건너는 법을 안다. 그런가 하면, 후모어의 시는 말의 재미와 의미 사이에 존재한다. '허공'과 '후모어'는 물론, '훌딱 · 훌라당 · 훌까닥 · 훌훌' 등 그의 시의 비밀은 목구멍 소리('ㅎ')에 있다. 기쁨과 슬픔, 웃음과 울음 말고 무엇이 이 허공을 가득 메울 것인가.